# Libro de jardinería

Este libro es un blog de:

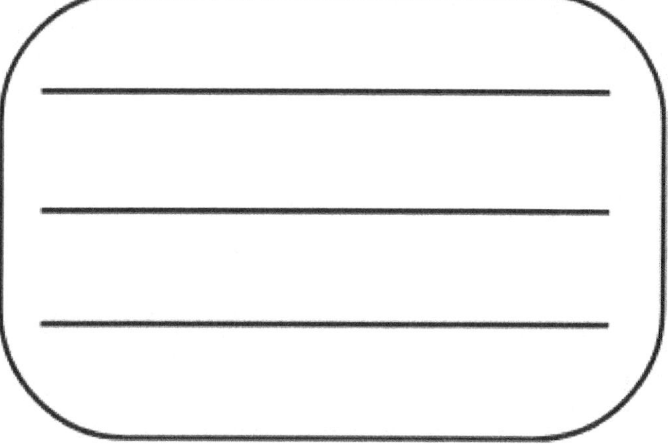

Idea de regalo perfecta para principiantes y aficionados a la jardinería

# LIBRO DE JARDINERÍA

| NOMBRE | POSICIÓN |
|---|---|
| PROVEEDOR | PRECIO |

## CLASE DE CIENCIAS

| | | |
|---|---|---|
| VEGETACIÓN | ○ | FRUTA |
| HIERBA | ○ | FLOR |
| ARBUSTO | ○ | ÁRBOL |
| ANUAL | ○ | BIENAL |
| PERMANENTE | ○ | SEMILLA |

## FECHAS

GERMINATO

PLANTA

COLECCIÓN

## NIVEL DE LUZ

SOL

SOL PARCIAL

OMBRA

OTROS

## EMPEZADO POR

SEMILLA

PLANTA

## EVALUACIÓN

DIMENSIÓN ○○○○○

COLOR ○○○○○

GUSTO ○○○○○

FERTILIZANTES
Y EQUIPOS

REQUISITOS
DEL AGUA

0%
MENOS

INSTRUCCIONES
PARA EL CUIDADO

INSTRUCCIONES
PARA LA SIEMBRA

NOTAS
ADICIONALES

# LIBRO DE JARDINERÍA

| NOMBRE | POSICIÓN |
| --- | --- |
| PROVEEDOR | PRECIO |

## CLASE DE CIENCIAS

| VEGETACIÓN | ◯ | FRUTA |
| --- | --- | --- |
| HIERBA | ◯ | FLOR |
| ARBUSTO | ◯ | ÁRBOL |
| ANUAL | ◯ | BIENAL |
| PERMANENTE | ◯ | SEMILLA |

## FECHAS

GERMINATO

PLANTA

COLECCIÓN

## NIVEL DE LUZ

SOL

SOL PARCIAL

OMBRA

OTROS

## EMPEZADO POR

SEMILLA

PLANTA

## EVALUACIÓN

DIMENSIÓN ◯◯◯◯◯

COLOR ◯◯◯◯◯

GUSTO ◯◯◯◯◯

FERTILIZANTES
Y EQUIPOS

REQUISITOS
DEL AGUA

0%
MENOS

INSTRUCCIONES
PARA EL CUIDADO

INSTRUCCIONES
PARA LA SIEMBRA

NOTAS
ADICIONALES

# LIBRO DE JARDINERÍA

| NOMBRE | POSICIÓN |
|---|---|

| PROVEEDOR | PRECIO |
|---|---|

## CLASE DE CIENCIAS

| VEGETACIÓN | ○ | FRUTA |
|---|---|---|
| HIERBA | ○ | FLOR |
| ARBUSTO | ○ | ÁRBOL |
| ANUAL | ○ | BIENAL |
| PERMANENTE | ○ | SEMILLA |

## FECHAS

GERMINATO

PLANTA

COLECCIÓN

## NIVEL DE LUZ

SOL

SOL PARCIAL

OMBRA

OTROS

## EMPEZADO POR

SEMILLA

PLANTA

## EVALUACIÓN

| DIMENSIÓN | ○○○○○ |
|---|---|
| COLOR | ○○○○○ |
| GUSTO | ○○○○○ |

## FERTILIZANTES Y EQUIPOS

## REQUISITOS DEL AGUA

0%
MENOS

## INSTRUCCIONES PARA EL CUIDADO

## INSTRUCCIONES PARA LA SIEMBRA

## NOTAS ADICIONALES

# LIBRO DE JARDINERÍA

NOMBRE

POSICIÓN

PROVEEDOR

PRECIO

## CLASE DE CIENCIAS

| | | |
|---|---|---|
| VEGETACIÓN | ○ | FRUTA |
| HIERBA | ○ | FLOR |
| ARBUSTO | ○ | ÁRBOL |
| ANUAL | ○ | BIENAL |
| PERMANENTE | ○ | SEMILLA |

## FECHAS

GERMINATO

PLANTA

COLECCIÓN

## NIVEL DE LUZ

SOL

SOL PARCIAL

OMBRA

OTROS

## EMPEZADO POR

SEMILLA

PLANTA

## EVALUACIÓN

DIMENSIÓN ○○○○○

COLOR ○○○○○

GUSTO ○○○○○

FERTILIZANTES
Y EQUIPOS

REQUISITOS
DEL AGUA

0%
MENOS

INSTRUCCIONES
PARA EL CUIDADO

INSTRUCCIONES
PARA LA SIEMBRA

NOTAS
ADICIONALES

# LIBRO DE JARDINERÍA

| NOMBRE | POSICIÓN |
|---|---|
| PROVEEDOR | PRECIO |

## CLASE DE CIENCIAS

| | | |
|---|---|---|
| VEGETACIÓN | ○ | FRUTA |
| HIERBA | ○ | FLOR |
| ARBUSTO | ○ | ÁRBOL |
| ANUAL | ○ | BIENAL |
| PERMANENTE | ○ | SEMILLA |

### FECHAS

GERMINATO

PLANTA

COLECCIÓN

### NIVEL DE LUZ

SOL

SOL PARCIAL

OMBRA

OTROS

### EMPEZADO POR

SEMILLA

PLANTA

### EVALUACIÓN

| DIMENSIÓN | ○○○○○ |
|---|---|
| COLOR | ○○○○○ |
| GUSTO | ○○○○○ |

FERTILIZANTES
Y EQUIPOS

REQUISITOS
DEL AGUA

0%
MENOS

INSTRUCCIONES
PARA EL CUIDADO

INSTRUCCIONES
PARA LA SIEMBRA

NOTAS
ADICIONALES

# LIBRO DE JARDINERÍA

NOMBRE

POSICIÓN

PROVEEDOR

PRECIO

## CLASE DE CIENCIAS

| | | |
|---|---|---|
| VEGETACIÓN | ○ | FRUTA |
| HIERBA | ○ | FLOR |
| ARBUSTO | ○ | ÁRBOL |
| ANUAL | ○ | BIENAL |
| PERMANENTE | ○ | SEMILLA |

## FECHAS

GERMINATO

PLANTA

COLECCIÓN

## NIVEL DE LUZ

SOL

SOL PARCIAL

OMBRA

OTROS

## EMPEZADO POR

SEMILLA

PLANTA

## EVALUACIÓN

DIMENSIÓN ○○○○○

COLOR ○○○○○

GUSTO ○○○○○

FERTILIZANTES
Y EQUIPOS



REQUISITOS
DEL AGUA



0%
MENOS



INSTRUCCIONES
PARA EL CUIDADO



INSTRUCCIONES
PARA LA SIEMBRA



NOTAS
ADICIONALES

# LIBRO DE JARDINERÍA

NOMBRE

POSICIÓN

PROVEEDOR

PRECIO

## CLASE DE CIENCIAS

| | | |
|---|---|---|
| VEGETACIÓN | ○ | FRUTA |
| HIERBA | ○ | FLOR |
| ARBUSTO | ○ | ÁRBOL |
| ANUAL | ○ | BIENAL |
| PERMANENTE | ○ | SEMILLA |

## FECHAS

GERMINATO

PLANTA

COLECCIÓN

## NIVEL DE LUZ

SOL

SOL PARCIAL

OMBRA

OTROS

## EMPEZADO POR

SEMILLA

PLANTA

## EVALUACIÓN

DIMENSIÓN ○○○○○

COLOR ○○○○○

GUSTO ○○○○○

## FERTILIZANTES Y EQUIPOS

## REQUISITOS DEL AGUA

0%
MENOS

## INSTRUCCIONES PARA EL CUIDADO

## INSTRUCCIONES PARA LA SIEMBRA

## NOTAS ADICIONALES

# LIBRO DE JARDINERÍA

| NOMBRE | POSICIÓN |
|---|---|

| PROVEEDOR | PRECIO |
|---|---|

## CLASE DE CIENCIAS

| VEGETACIÓN | ○ | FRUTA |
|---|---|---|
| HIERBA | ○ | FLOR |
| ARBUSTO | ○ | ÁRBOL |
| ANUAL | ○ | BIENAL |
| PERMANENTE | ○ | SEMILLA |

## FECHAS

GERMINATO

PLANTA

COLECCIÓN

## NIVEL DE LUZ

SOL

SOL PARCIAL

OMBRA

OTROS

## EMPEZADO POR

SEMILLA

PLANTA

## EVALUACIÓN

| DIMENSIÓN | ○○○○○ |
|---|---|
| COLOR | ○○○○○ |
| GUSTO | ○○○○○ |

FERTILIZANTES
Y EQUIPOS

REQUISITOS
DEL AGUA

0%
MENOS

INSTRUCCIONES
PARA EL CUIDADO

INSTRUCCIONES
PARA LA SIEMBRA

NOTAS
ADICIONALES

# LIBRO DE JARDINERÍA

| NOMBRE | POSICIÓN |
|---|---|
| PROVEEDOR | PRECIO |

## CLASE DE CIENCIAS

| VEGETACIÓN | ○ | FRUTA |
|---|---|---|
| HIERBA | ○ | FLOR |
| ARBUSTO | ○ | ÁRBOL |
| ANUAL | ○ | BIENAL |
| PERMANENTE | ○ | SEMILLA |

## FECHAS

GERMINATO

PLANTA

COLECCIÓN

## NIVEL DE LUZ

SOL

SOL PARCIAL

OMBRA

OTROS

## EMPEZADO POR

SEMILLA

PLANTA

## EVALUACIÓN

DIMENSIÓN ○○○○○

COLOR ○○○○○

GUSTO ○○○○○

FERTILIZANTES
Y EQUIPOS

REQUISITOS
DEL AGUA

0%
MENOS

INSTRUCCIONES
PARA EL CUIDADO

INSTRUCCIONES
PARA LA SIEMBRA

NOTAS
ADICIONALES

# LIBRO DE JARDINERÍA

| NOMBRE | POSICIÓN |
|---|---|

| PROVEEDOR | PRECIO |
|---|---|

## CLASE DE CIENCIAS

| VEGETACIÓN | ○ | FRUTA |
|---|---|---|
| HIERBA | ○ | FLOR |
| ARBUSTO | ○ | ÁRBOL |
| ANUAL | ○ | BIENAL |
| PERMANENTE | ○ | SEMILLA |

## FECHAS

GERMINATO

PLANTA

COLECCIÓN

## NIVEL DE LUZ

SOL

SOL PARCIAL

OMBRA

OTROS

## EMPEZADO POR

SEMILLA

PLANTA

## EVALUACIÓN

| DIMENSIÓN | ○○○○○ |
|---|---|
| COLOR | ○○○○○ |
| GUSTO | ○○○○○ |

FERTILIZANTES
Y EQUIPOS

REQUISITOS
DEL AGUA

0%
MENOS

INSTRUCCIONES
PARA EL CUIDADO

INSTRUCCIONES
PARA LA SIEMBRA

NOTAS
ADICIONALES

# LIBRO DE JARDINERÍA

NOMBRE

POSICIÓN

PROVEEDOR

PRECIO

## CLASE DE CIENCIAS

| | | |
|---|---|---|
| VEGETACIÓN | ○ | FRUTA |
| HIERBA | ○ | FLOR |
| ARBUSTO | ○ | ÁRBOL |
| ANUAL | ○ | BIENAL |
| PERMANENTE | ○ | SEMILLA |

## FECHAS

GERMINATO

PLANTA

COLECCIÓN

## NIVEL DE LUZ

SOL

SOL PARCIAL

OMBRA

OTROS

## EMPEZADO POR

SEMILLA

PLANTA

## EVALUACIÓN

DIMENSIÓN ○○○○○

COLOR ○○○○○

GUSTO ○○○○○

FERTILIZANTES
Y EQUIPOS

REQUISITOS
DEL AGUA

0%
MENOS

INSTRUCCIONES
PARA EL CUIDADO

INSTRUCCIONES
PARA LA SIEMBRA

NOTAS
ADICIONALES

# LIBRO DE JARDINERÍA

NOMBRE

POSICIÓN

PROVEEDOR

PRECIO

CLASE DE CIENCIAS

| | | |
|---|---|---|
| VEGETACIÓN | ○ | FRUTA |
| HIERBA | ○ | FLOR |
| ARBUSTO | ○ | ÁRBOL |
| ANUAL | ○ | BIENAL |
| PERMANENTE | ○ | SEMILLA |

FECHAS

NIVEL DE LUZ

GERMINATO

SOL

PLANTA

SOL PARCIAL

COLECCIÓN

OMBRA

OTROS

EMPEZADO POR

EVALUACIÓN

SEMILLA

PLANTA

DIMENSIÓN ○○○○○

COLOR ○○○○○

GUSTO ○○○○○

FERTILIZANTES
Y EQUIPOS

REQUISITOS
DEL AGUA

0%
MENOS

INSTRUCCIONES
PARA EL CUIDADO

INSTRUCCIONES
PARA LA SIEMBRA

NOTAS
ADICIONALES

# LIBRO DE JARDINERÍA

| NOMBRE | POSICIÓN |
|---|---|

| PROVEEDOR | PRECIO |
|---|---|

## CLASE DE CIENCIAS

| VEGETACIÓN | ○ | FRUTA |
|---|---|---|
| HIERBA | ○ | FLOR |
| ARBUSTO | ○ | ÁRBOL |
| ANUAL | ○ | BIENAL |
| PERMANENTE | ○ | SEMILLA |

## FECHAS

GERMINATO

PLANTA

COLECCIÓN

## NIVEL DE LUZ

SOL

SOL PARCIAL

OMBRA

OTROS

## EMPEZADO POR

SEMILLA

PLANTA

## EVALUACIÓN

DIMENSIÓN ○○○○○

COLOR ○○○○○

GUSTO ○○○○○

| FERTILIZANTES Y EQUIPOS | REQUISITOS DEL AGUA |
|---|---|

0%
MENOS

| INSTRUCCIONES PARA EL CUIDADO | INSTRUCCIONES PARA LA SIEMBRA |
|---|---|

## NOTAS ADICIONALES

# LIBRO DE JARDINERÍA

| NOMBRE | POSICIÓN |
|---|---|
| PROVEEDOR | PRECIO |

## CLASE DE CIENCIAS

| | | |
|---|---|---|
| VEGETACIÓN | ○ | FRUTA |
| HIERBA | ○ | FLOR |
| ARBUSTO | ○ | ÁRBOL |
| ANUAL | ○ | BIENAL |
| PERMANENTE | ○ | SEMILLA |

## FECHAS

GERMINATO

PLANTA

COLECCIÓN

## NIVEL DE LUZ

SOL

SOL PARCIAL

OMBRA

OTROS

## EMPEZADO POR

SEMILLA

PLANTA

## EVALUACIÓN

| DIMENSIÓN | ○ ○ ○ ○ ○ |
|---|---|
| COLOR | ○ ○ ○ ○ ○ |
| GUSTO | ○ ○ ○ ○ ○ |

FERTILIZANTES
Y EQUIPOS
REQUISITOS
DEL AGUA
0%
MENOS
INSTRUCCIONES
PARA EL CUIDADO
INSTRUCCIONES
PARA LA SIEMBRA
NOTAS
ADICIONALES

# LIBRO DE JARDINERÍA

| NOMBRE | POSICIÓN |
|---|---|

| PROVEEDOR | PRECIO |
|---|---|

## CLASE DE CIENCIAS

| | | |
|---|---|---|
| VEGETACIÓN | ○ | FRUTA |
| HIERBA | ○ | FLOR |
| ARBUSTO | ○ | ÁRBOL |
| ANUAL | ○ | BIENAL |
| PERMANENTE | ○ | SEMILLA |

## FECHAS

GERMINATO

PLANTA

COLECCIÓN

## NIVEL DE LUZ

SOL

SOL PARCIAL

OMBRA

OTROS

## EMPEZADO POR

SEMILLA

PLANTA

## EVALUACIÓN

DIMENSIÓN ○○○○○

COLOR ○○○○○

GUSTO ○○○○○

FERTILIZANTES
Y EQUIPOS

REQUISITOS
DEL AGUA

0%
MENOS

INSTRUCCIONES
PARA EL CUIDADO

INSTRUCCIONES
PARA LA SIEMBRA

NOTAS
ADICIONALES

# LIBRO DE JARDINERÍA

NOMBRE

POSICIÓN

PROVEEDOR

PRECIO

## CLASE DE CIENCIAS

| | | |
|---|---|---|
| VEGETACIÓN | ○ | FRUTA |
| HIERBA | ○ | FLOR |
| ARBUSTO | ○ | ÁRBOL |
| ANUAL | ○ | BIENAL |
| PERMANENTE | ○ | SEMILLA |

## FECHAS

GERMINATO

PLANTA

COLECCIÓN

## NIVEL DE LUZ

SOL

SOL PARCIAL

OMBRA

OTROS

## EMPEZADO POR

SEMILLA

PLANTA

## EVALUACIÓN

DIMENSIÓN ○○○○○

COLOR ○○○○○

GUSTO ○○○○○

FERTILIZANTES
Y EQUIPOS

REQUISITOS
DEL AGUA

0%
MENOS

INSTRUCCIONES
PARA EL CUIDADO

INSTRUCCIONES
PARA LA SIEMBRA

NOTAS
ADICIONALES

# LIBRO DE JARDINERÍA

| NOMBRE | POSICIÓN |
|---|---|
| PROVEEDOR | PRECIO |

## CLASE DE CIENCIAS

| | | |
|---|---|---|
| VEGETACIÓN | ○ | FRUTA |
| HIERBA | ○ | FLOR |
| ARBUSTO | ○ | ÁRBOL |
| ANUAL | ○ | BIENAL |
| PERMANENTE | ○ | SEMILLA |

## FECHAS

GERMINATO

PLANTA

COLECCIÓN

## NIVEL DE LUZ

SOL

SOL PARCIAL

OMBRA

OTROS

## EMPEZADO POR

SEMILLA

PLANTA

## EVALUACIÓN

DIMENSIÓN ○○○○○

COLOR ○○○○○

GUSTO ○○○○○

| FERTILIZANTES Y EQUIPOS | REQUISITOS DEL AGUA |
| --- | --- |

0%
MENOS

| INSTRUCCIONES PARA EL CUIDADO | INSTRUCCIONES PARA LA SIEMBRA |
| --- | --- |

NOTAS ADICIONALES

# LIBRO DE JARDINERÍA

NOMBRE

POSICIÓN

PROVEEDOR

PRECIO

## CLASE DE CIENCIAS

| | | |
|---|---|---|
| VEGETACIÓN | ○ | FRUTA |
| HIERBA | ○ | FLOR |
| ARBUSTO | ○ | ÁRBOL |
| ANUAL | ○ | BIENAL |
| PERMANENTE | ○ | SEMILLA |

## FECHAS

GERMINATO

PLANTA

COLECCIÓN

## NIVEL DE LUZ

SOL

SOL PARCIAL

OMBRA

OTROS

## EMPEZADO POR

SEMILLA

PLANTA

## EVALUACIÓN

DIMENSIÓN ○○○○○

COLOR ○○○○○

GUSTO ○○○○○

## FERTILIZANTES Y EQUIPOS

## REQUISITOS DEL AGUA

0%
MENOS

## INSTRUCCIONES PARA EL CUIDADO

## INSTRUCCIONES PARA LA SIEMBRA

## NOTAS ADICIONALES

# LIBRO DE JARDINERÍA

NOMBRE

POSICIÓN

PROVEEDOR

PRECIO

## CLASE DE CIENCIAS

| | | |
|---|---|---|
| VEGETACIÓN | ○ | FRUTA |
| HIERBA | ○ | FLOR |
| ARBUSTO | ○ | ÁRBOL |
| ANUAL | ○ | BIENAL |
| PERMANENTE | ○ | SEMILLA |

## FECHAS

GERMINATO

PLANTA

COLECCIÓN

## NIVEL DE LUZ

SOL

SOL PARCIAL

OMBRA

OTROS

## EMPEZADO POR

SEMILLA

PLANTA

## EVALUACIÓN

DIMENSIÓN ○○○○○

COLOR ○○○○○

GUSTO ○○○○○

FERTILIZANTES
Y EQUIPOS

REQUISITOS
DEL AGUA

0%
MENOS

INSTRUCCIONES
PARA EL CUIDADO

INSTRUCCIONES
PARA LA SIEMBRA

NOTAS
ADICIONALES

# LIBRO DE JARDINERÍA

NOMBRE

POSICIÓN

PROVEEDOR

PRECIO

## CLASE DE CIENCIAS

| VEGETACIÓN | ○ | FRUTA |
| HIERBA | ○ | FLOR |
| ARBUSTO | ○ | ÁRBOL |
| ANUAL | ○ | BIENAL |
| PERMANENTE | ○ | SEMILLA |

## FECHAS

GERMINATO

PLANTA

COLECCIÓN

## NIVEL DE LUZ

SOL

SOL PARCIAL

OMBRA

OTROS

## EMPEZADO POR

SEMILLA

PLANTA

## EVALUACIÓN

| DIMENSIÓN | ○○○○○ |
| COLOR | ○○○○○ |
| GUSTO | ○○○○○ |

FERTILIZANTES
Y EQUIPOS

REQUISITOS
DEL AGUA

0%
MENOS

INSTRUCCIONES
PARA EL CUIDADO

INSTRUCCIONES
PARA LA SIEMBRA

NOTAS
ADICIONALES

# LIBRO DE JARDINERÍA

NOMBRE

POSICIÓN

PROVEEDOR

PRECIO

## CLASE DE CIENCIAS

| | | |
|---|---|---|
| VEGETACIÓN | ○ | FRUTA |
| HIERBA | ○ | FLOR |
| ARBUSTO | ○ | ÁRBOL |
| ANUAL | ○ | BIENAL |
| PERMANENTE | ○ | SEMILLA |

## FECHAS

GERMINATO

PLANTA

COLECCIÓN

## NIVEL DE LUZ

SOL

SOL PARCIAL

OMBRA

OTROS

## EMPEZADO POR

SEMILLA

PLANTA

## EVALUACIÓN

DIMENSIÓN ○○○○○

COLOR ○○○○○

GUSTO ○○○○○

## FERTILIZANTES Y EQUIPOS

## REQUISITOS DEL AGUA

0%
MENOS

## INSTRUCCIONES PARA EL CUIDADO

## INSTRUCCIONES PARA LA SIEMBRA

## NOTAS ADICIONALES

# LIBRO DE JARDINERÍA

NOMBRE

POSICIÓN

PROVEEDOR

PRECIO

## CLASE DE CIENCIAS

| | | |
|---|---|---|
| VEGETACIÓN | ○ | FRUTA |
| HIERBA | ○ | FLOR |
| ARBUSTO | ○ | ÁRBOL |
| ANUAL | ○ | BIENAL |
| PERMANENTE | ○ | SEMILLA |

## FECHAS

GERMINATO

PLANTA

COLECCIÓN

## NIVEL DE LUZ

SOL

SOL PARCIAL

OMBRA

OTROS

## EMPEZADO POR

SEMILLA

PLANTA

## EVALUACIÓN

DIMENSIÓN ○○○○○

COLOR ○○○○○

GUSTO ○○○○○

FERTILIZANTES
Y EQUIPOS

REQUISITOS
DEL AGUA

0%
MENOS

INSTRUCCIONES
PARA EL CUIDADO

INSTRUCCIONES
PARA LA SIEMBRA

NOTAS
ADICIONALES

# LIBRO DE JARDINERÍA

| NOMBRE | POSICIÓN |
|---|---|

| PROVEEDOR | PRECIO |
|---|---|

## CLASE DE CIENCIAS

| VEGETACIÓN | ○ | FRUTA |
|---|---|---|
| HIERBA | ○ | FLOR |
| ARBUSTO | ○ | ÁRBOL |
| ANUAL | ○ | BIENAL |
| PERMANENTE | ○ | SEMILLA |

## FECHAS

GERMINATO

PLANTA

COLECCIÓN

## NIVEL DE LUZ

SOL

SOL PARCIAL

OMBRA

OTROS

## EMPEZADO POR

SEMILLA

PLANTA

## EVALUACIÓN

| DIMENSIÓN | ○ ○ ○ ○ ○ |
|---|---|
| COLOR | ○ ○ ○ ○ ○ |
| GUSTO | ○ ○ ○ ○ ○ |

FERTILIZANTES
Y EQUIPOS

REQUISITOS
DEL AGUA

0%
MENOS

INSTRUCCIONES
PARA EL CUIDADO

INSTRUCCIONES
PARA LA SIEMBRA

NOTAS
ADICIONALES

# LIBRO DE JARDINERÍA

| NOMBRE | POSICIÓN |
| --- | --- |
| PROVEEDOR | PRECIO |

## CLASE DE CIENCIAS

| VEGETACIÓN | ○ | FRUTA |
| --- | --- | --- |
| HIERBA | ○ | FLOR |
| ARBUSTO | ○ | ÁRBOL |
| ANUAL | ○ | BIENAL |
| PERMANENTE | ○ | SEMILLA |

## FECHAS

GERMINATO

PLANTA

COLECCIÓN

## NIVEL DE LUZ

SOL

SOL PARCIAL

OMBRA

OTROS

## EMPEZADO POR

SEMILLA

PLANTA

## EVALUACIÓN

| DIMENSIÓN | ○○○○○ |
| --- | --- |
| COLOR | ○○○○○ |
| GUSTO | ○○○○○ |

## FERTILIZANTES Y EQUIPOS

## REQUISITOS DEL AGUA

0%
MENOS

## INSTRUCCIONES PARA EL CUIDADO

## INSTRUCCIONES PARA LA SIEMBRA

## NOTAS ADICIONALES

# LIBRO DE JARDINERÍA






## CLASE DE CIENCIAS

| | | | |
|---|---|---|---|
| VEGETACIÓN | ○ | FRUTA | |
| HIERBA | ○ | FLOR | |
| ARBUSTO | ○ | ÁRBOL | |
| ANUAL | ○ | BIENAL | |
| PERMANENTE | ○ | SEMILLA | |

## FECHAS

GERMINATO

PLANTA

COLECCIÓN

## NIVEL DE LUZ

SOL

SOL PARCIAL

OMBRA

OTROS

## EMPEZADO POR

SEMILLA

PLANTA

## EVALUACIÓN

DIMENSIÓN ○○○○○

COLOR ○○○○○

GUSTO ○○○○○

FERTILIZANTES
Y EQUIPOS

REQUISITOS
DEL AGUA

0%
MENOS

INSTRUCCIONES
PARA EL CUIDADO

INSTRUCCIONES
PARA LA SIEMBRA

NOTAS
ADICIONALES

# LIBRO DE JARDINERÍA

| NOMBRE | POSICIÓN |
|---|---|

| PROVEEDOR | PRECIO |
|---|---|

## CLASE DE CIENCIAS

| VEGETACIÓN | ○ | FRUTA |
|---|---|---|
| HIERBA | ○ | FLOR |
| ARBUSTO | ○ | ÁRBOL |
| ANUAL | ○ | BIENAL |
| PERMANENTE | ○ | SEMILLA |

## FECHAS

GERMINATO

PLANTA

COLECCIÓN

## NIVEL DE LUZ

SOL

SOL PARCIAL

OMBRA

OTROS

## EMPEZADO POR

SEMILLA

PLANTA

## EVALUACIÓN

DIMENSIÓN ○○○○○

COLOR ○○○○○

GUSTO ○○○○○

FERTILIZANTES
Y EQUIPOS



REQUISITOS
DEL AGUA



0%
MENOS



INSTRUCCIONES
PARA EL CUIDADO



INSTRUCCIONES
PARA LA SIEMBRA



NOTAS
ADICIONALES

# LIBRO DE JARDINERÍA

| NOMBRE | POSICIÓN |
|---|---|
| PROVEEDOR | PRECIO |

## CLASE DE CIENCIAS

| | | |
|---|---|---|
| VEGETACIÓN | ○ | FRUTA |
| HIERBA | ○ | FLOR |
| ARBUSTO | ○ | ÁRBOL |
| ANUAL | ○ | BIENAL |
| PERMANENTE | ○ | SEMILLA |

## FECHAS

GERMINATO

PLANTA

COLECCIÓN

## NIVEL DE LUZ

SOL

SOL PARCIAL

OMBRA

OTROS

## EMPEZADO POR

SEMILLA

PLANTA

## EVALUACIÓN

DIMENSIÓN ○○○○○

COLOR ○○○○○

GUSTO ○○○○○

FERTILIZANTES
Y EQUIPOS

REQUISITOS
DEL AGUA

0%
MENOS

INSTRUCCIONES
PARA EL CUIDADO

INSTRUCCIONES
PARA LA SIEMBRA

NOTAS
ADICIONALES

# LIBRO DE JARDINERÍA

NOMBRE

POSICIÓN

PROVEEDOR

PRECIO

## CLASE DE CIENCIAS

| | | |
|---|---|---|
| VEGETACIÓN | ○ | FRUTA |
| HIERBA | ○ | FLOR |
| ARBUSTO | ○ | ÁRBOL |
| ANUAL | ○ | BIENAL |
| PERMANENTE | ○ | SEMILLA |

## FECHAS

GERMINATO

PLANTA

COLECCIÓN

## NIVEL DE LUZ

SOL

SOL PARCIAL

OMBRA

OTROS

## EMPEZADO POR

SEMILLA

PLANTA

## EVALUACIÓN

DIMENSIÓN ○○○○○

COLOR ○○○○○

GUSTO ○○○○○

FERTILIZANTES
Y EQUIPOS

REQUISITOS
DEL AGUA

0%
MENOS

INSTRUCCIONES
PARA EL CUIDADO

INSTRUCCIONES
PARA LA SIEMBRA

NOTAS
ADICIONALES

# LIBRO DE JARDINERÍA

| NOMBRE | POSICIÓN |
| --- | --- |
| PROVEEDOR | PRECIO |

## CLASE DE CIENCIAS

| VEGETACIÓN | ○ | FRUTA |
| HIERBA | ○ | FLOR |
| ARBUSTO | ○ | ÁRBOL |
| ANUAL | ○ | BIENAL |
| PERMANENTE | ○ | SEMILLA |

## FECHAS

GERMINATO

PLANTA

COLECCIÓN

## NIVEL DE LUZ

SOL

SOL PARCIAL

OMBRA

OTROS

## EMPEZADO POR

SEMILLA

PLANTA

## EVALUACIÓN

DIMENSIÓN ○○○○○

COLOR ○○○○○

GUSTO ○○○○○

## FERTILIZANTES Y EQUIPOS

## REQUISITOS DEL AGUA

0%
MENOS

## INSTRUCCIONES PARA EL CUIDADO

## INSTRUCCIONES PARA LA SIEMBRA

## NOTAS ADICIONALES

# LIBRO DE JARDINERÍA

NOMBRE

POSICIÓN

PROVEEDOR

PRECIO

## CLASE DE CIENCIAS

| | | |
|---|---|---|
| VEGETACIÓN | ○ | FRUTA |
| HIERBA | ○ | FLOR |
| ARBUSTO | ○ | ÁRBOL |
| ANUAL | ○ | BIENAL |
| PERMANENTE | ○ | SEMILLA |

## FECHAS

GERMINATO

PLANTA

COLECCIÓN

## NIVEL DE LUZ

SOL

SOL PARCIAL

OMBRA

OTROS

## EMPEZADO POR

SEMILLA

PLANTA

## EVALUACIÓN

DIMENSIÓN ○○○○○

COLOR ○○○○○

GUSTO ○○○○○

FERTILIZANTES
Y EQUIPOS

REQUISITOS
DEL AGUA

0%
MENOS

INSTRUCCIONES
PARA EL CUIDADO

INSTRUCCIONES
PARA LA SIEMBRA

NOTAS
ADICIONALES

# LIBRO DE JARDINERÍA

NOMBRE

POSICIÓN

PROVEEDOR

PRECIO

## CLASE DE CIENCIAS

| | | |
|---|---|---|
| VEGETACIÓN | ○ | FRUTA |
| HIERBA | ○ | FLOR |
| ARBUSTO | ○ | ÁRBOL |
| ANUAL | ○ | BIENAL |
| PERMANENTE | ○ | SEMILLA |

## FECHAS

GERMINATO

PLANTA

COLECCIÓN

## NIVEL DE LUZ

SOL

SOL PARCIAL

OMBRA

OTROS

## EMPEZADO POR

SEMILLA

PLANTA

## EVALUACIÓN

DIMENSIÓN  ○○○○○

COLOR  ○○○○○

GUSTO  ○○○○○

FERTILIZANTES
Y EQUIPOS


REQUISITOS
DEL AGUA


0%
MENOS


INSTRUCCIONES
PARA EL CUIDADO


INSTRUCCIONES
PARA LA SIEMBRA


NOTAS
ADICIONALES

# LIBRO DE JARDINERÍA

NOMBRE

POSICIÓN

PROVEEDOR

PRECIO

## CLASE DE CIENCIAS

| | | |
|---|---|---|
| VEGETACIÓN | ○ | FRUTA |
| HIERBA | ○ | FLOR |
| ARBUSTO | ○ | ÁRBOL |
| ANUAL | ○ | BIENAL |
| PERMANENTE | ○ | SEMILLA |

## FECHAS

GERMINATO

PLANTA

COLECCIÓN

## NIVEL DE LUZ

SOL

SOL PARCIAL

OMBRA

OTROS

## EMPEZADO POR

SEMILLA

PLANTA

## EVALUACIÓN

DIMENSIÓN ○○○○○

COLOR ○○○○○

GUSTO ○○○○○

FERTILIZANTES
Y EQUIPOS

REQUISITOS
DEL AGUA

0%
MENOS

INSTRUCCIONES
PARA EL CUIDADO

INSTRUCCIONES
PARA LA SIEMBRA

NOTAS
ADICIONALES

# LIBRO DE JARDINERÍA

| NOMBRE | POSICIÓN |
| --- | --- |
| PROVEEDOR | PRECIO |

## CLASE DE CIENCIAS

| VEGETACIÓN | ○ | FRUTA |
| --- | --- | --- |
| HIERBA | ○ | FLOR |
| ARBUSTO | ○ | ÁRBOL |
| ANUAL | ○ | BIENAL |
| PERMANENTE | ○ | SEMILLA |

## FECHAS

GERMINATO

PLANTA

COLECCIÓN

## NIVEL DE LUZ

SOL

SOL PARCIAL

OMBRA

OTROS

## EMPEZADO POR

SEMILLA

PLANTA

## EVALUACIÓN

DIMENSIÓN ○○○○○

COLOR ○○○○○

GUSTO ○○○○○

FERTILIZANTES
Y EQUIPOS

REQUISITOS
DEL AGUA

0%
MENOS

INSTRUCCIONES
PARA EL CUIDADO

INSTRUCCIONES
PARA LA SIEMBRA

NOTAS
ADICIONALES

# LIBRO DE JARDINERÍA

| NOMBRE | POSICIÓN |
|---|---|

| PROVEEDOR | PRECIO |
|---|---|

## CLASE DE CIENCIAS

| | | |
|---|---|---|
| VEGETACIÓN | ○ | FRUTA |
| HIERBA | ○ | FLOR |
| ARBUSTO | ○ | ÁRBOL |
| ANUAL | ○ | BIENAL |
| PERMANENTE | ○ | SEMILLA |

## FECHAS

GERMINATO

PLANTA

COLECCIÓN

## NIVEL DE LUZ

SOL

SOL PARCIAL

OMBRA

OTROS

## EMPEZADO POR

SEMILLA

PLANTA

## EVALUACIÓN

DIMENSIÓN ○○○○○

COLOR ○○○○○

GUSTO ○○○○○

FERTILIZANTES
Y EQUIPOS

REQUISITOS
DEL AGUA

0%
MENOS

INSTRUCCIONES
PARA EL CUIDADO

INSTRUCCIONES
PARA LA SIEMBRA

NOTAS
ADICIONALES

# LIBRO DE JARDINERÍA

| NOMBRE | POSICIÓN |
| --- | --- |
| PROVEEDOR | PRECIO |

## CLASE DE CIENCIAS

| VEGETACIÓN | ○ | FRUTA |
| --- | --- | --- |
| HIERBA | ○ | FLOR |
| ARBUSTO | ○ | ÁRBOL |
| ANUAL | ○ | BIENAL |
| PERMANENTE | ○ | SEMILLA |

## FECHAS

GERMINATO

PLANTA

COLECCIÓN

## NIVEL DE LUZ

SOL

SOL PARCIAL

OMBRA

OTROS

## EMPEZADO POR

SEMILLA

PLANTA

## EVALUACIÓN

DIMENSIÓN  ○○○○○

COLOR  ○○○○○

GUSTO  ○○○○○

FERTILIZANTES
Y EQUIPOS

REQUISITOS
DEL AGUA

0%
MENOS

INSTRUCCIONES
PARA EL CUIDADO

INSTRUCCIONES
PARA LA SIEMBRA

NOTAS
ADICIONALES

# LIBRO DE JARDINERÍA

NOMBRE

POSICIÓN

PROVEEDOR

PRECIO

## CLASE DE CIENCIAS

| | | |
|---|---|---|
| VEGETACIÓN | ○ | FRUTA |
| HIERBA | ○ | FLOR |
| ARBUSTO | ○ | ÁRBOL |
| ANUAL | ○ | BIENAL |
| PERMANENTE | ○ | SEMILLA |

## FECHAS

GERMINATO

PLANTA

COLECCIÓN

## NIVEL DE LUZ

SOL

SOL PARCIAL

OMBRA

OTROS

## EMPEZADO POR

SEMILLA

PLANTA

## EVALUACIÓN

DIMENSIÓN ○○○○○

COLOR ○○○○○

GUSTO ○○○○○

FERTILIZANTES
Y EQUIPOS

REQUISITOS
DEL AGUA

0%
MENOS

INSTRUCCIONES
PARA EL CUIDADO

INSTRUCCIONES
PARA LA SIEMBRA

NOTAS
ADICIONALES

# LIBRO DE JARDINERÍA

| NOMBRE | POSICIÓN |
| --- | --- |

| PROVEEDOR | PRECIO |
| --- | --- |

## CLASE DE CIENCIAS

| VEGETACIÓN | ○ | FRUTA |
| --- | --- | --- |
| HIERBA | ○ | FLOR |
| ARBUSTO | ○ | ÁRBOL |
| ANUAL | ○ | BIENAL |
| PERMANENTE | ○ | SEMILLA |

## FECHAS

GERMINATO

PLANTA

COLECCIÓN

## NIVEL DE LUZ

SOL

SOL PARCIAL

OMBRA

OTROS

## EMPEZADO POR

SEMILLA

PLANTA

## EVALUACIÓN

| DIMENSIÓN | ○○○○○ |
| --- | --- |
| COLOR | ○○○○○ |
| GUSTO | ○○○○○ |

## FERTILIZANTES Y EQUIPOS

## REQUISITOS DEL AGUA

0%
MENOS

## INSTRUCCIONES PARA EL CUIDADO

## INSTRUCCIONES PARA LA SIEMBRA

## NOTAS ADICIONALES

# LIBRO DE JARDINERÍA

NOMBRE

POSICIÓN

PROVEEDOR

PRECIO

## CLASE DE CIENCIAS

| | | |
|---|---|---|
| VEGETACIÓN | ◯ | FRUTA |
| HIERBA | ◯ | FLOR |
| ARBUSTO | ◯ | ÁRBOL |
| ANUAL | ◯ | BIENAL |
| PERMANENTE | ◯ | SEMILLA |

## FECHAS

GERMINATO

PLANTA

COLECCIÓN

## NIVEL DE LUZ

SOL

SOL PARCIAL

OMBRA

OTROS

## EMPEZADO POR

SEMILLA

PLANTA

## EVALUACIÓN

DIMENSIÓN ◯◯◯◯◯

COLOR ◯◯◯◯◯

GUSTO ◯◯◯◯◯

FERTILIZANTES
Y EQUIPOS

REQUISITOS
DEL AGUA

0%
MENOS

INSTRUCCIONES
PARA EL CUIDADO

INSTRUCCIONES
PARA LA SIEMBRA

NOTAS
ADICIONALES

# LIBRO DE JARDINERÍA

NOMBRE

POSICIÓN

PROVEEDOR

PRECIO

## CLASE DE CIENCIAS

| | | |
|---|---|---|
| VEGETACIÓN | ◯ | FRUTA |
| HIERBA | ◯ | FLOR |
| ARBUSTO | ◯ | ÁRBOL |
| ANUAL | ◯ | BIENAL |
| PERMANENTE | ◯ | SEMILLA |

## FECHAS

GERMINATO

PLANTA

COLECCIÓN

## NIVEL DE LUZ

SOL

SOL PARCIAL

OMBRA

OTROS

## EMPEZADO POR

SEMILLA

PLANTA

## EVALUACIÓN

DIMENSIÓN ◯◯◯◯◯

COLOR ◯◯◯◯◯

GUSTO ◯◯◯◯◯

FERTILIZANTES
Y EQUIPOS

REQUISITOS
DEL AGUA

0%
MENOS

INSTRUCCIONES
PARA EL CUIDADO

INSTRUCCIONES
PARA LA SIEMBRA

NOTAS
ADICIONALES

# LIBRO DE JARDINERÍA

| NOMBRE | POSICIÓN |
| --- | --- |

| PROVEEDOR | PRECIO |
| --- | --- |

## CLASE DE CIENCIAS

| VEGETACIÓN | ○ | FRUTA |
| --- | --- | --- |
| HIERBA | ○ | FLOR |
| ARBUSTO | ○ | ÁRBOL |
| ANUAL | ○ | BIENAL |
| PERMANENTE | ○ | SEMILLA |

## FECHAS

GERMINATO

PLANTA

COLECCIÓN

## NIVEL DE LUZ

SOL

SOL PARCIAL

OMBRA

OTROS

## EMPEZADO POR

SEMILLA

PLANTA

## EVALUACIÓN

| DIMENSIÓN | ○○○○○ |
| --- | --- |
| COLOR | ○○○○○ |
| GUSTO | ○○○○○ |

FERTILIZANTES
Y EQUIPOS

REQUISITOS
DEL AGUA

0%
MENOS

INSTRUCCIONES
PARA EL CUIDADO

INSTRUCCIONES
PARA LA SIEMBRA

NOTAS
ADICIONALES

# LIBRO DE JARDINERÍA

NOMBRE

POSICIÓN

PROVEEDOR

PRECIO

## CLASE DE CIENCIAS

| | | |
|---|---|---|
| VEGETACIÓN | ○ | FRUTA |
| HIERBA | ○ | FLOR |
| ARBUSTO | ○ | ÁRBOL |
| ANUAL | ○ | BIENAL |
| PERMANENTE | ○ | SEMILLA |

## FECHAS

GERMINATO

PLANTA

COLECCIÓN

## NIVEL DE LUZ

SOL

SOL PARCIAL

OMBRA

OTROS

## EMPEZADO POR

SEMILLA

PLANTA

## EVALUACIÓN

DIMENSIÓN ○○○○○

COLOR ○○○○○

GUSTO ○○○○○

FERTILIZANTES
Y EQUIPOS

REQUISITOS
DEL AGUA

0%
MENOS

INSTRUCCIONES
PARA EL CUIDADO

INSTRUCCIONES
PARA LA SIEMBRA

NOTAS
ADICIONALES

# LIBRO DE JARDINERÍA

NOMBRE

POSICIÓN

PROVEEDOR

PRECIO

## CLASE DE CIENCIAS

| | | |
|---|---|---|
| VEGETACIÓN | ○ | FRUTA |
| HIERBA | ○ | FLOR |
| ARBUSTO | ○ | ÁRBOL |
| ANUAL | ○ | BIENAL |
| PERMANENTE | ○ | SEMILLA |

## FECHAS

GERMINATO

PLANTA

COLECCIÓN

## NIVEL DE LUZ

SOL

SOL PARCIAL

OMBRA

OTROS

## EMPEZADO POR

SEMILLA

PLANTA

## EVALUACIÓN

DIMENSIÓN ○○○○○

COLOR ○○○○○

GUSTO ○○○○○

FERTILIZANTES
Y EQUIPOS

REQUISITOS
DEL AGUA

0%
MENOS

INSTRUCCIONES
PARA EL CUIDADO

INSTRUCCIONES
PARA LA SIEMBRA

NOTAS
ADICIONALES

# LIBRO DE JARDINERÍA

NOMBRE

POSICIÓN

PROVEEDOR

PRECIO

## CLASE DE CIENCIAS

| | | |
|---|---|---|
| VEGETACIÓN | ○ | FRUTA |
| HIERBA | ○ | FLOR |
| ARBUSTO | ○ | ÁRBOL |
| ANUAL | ○ | BIENAL |
| PERMANENTE | ○ | SEMILLA |

## FECHAS

GERMINATO

PLANTA

COLECCIÓN

## NIVEL DE LUZ

SOL

SOL PARCIAL

OMBRA

OTROS

## EMPEZADO POR

SEMILLA

PLANTA

## EVALUACIÓN

DIMENSIÓN ○○○○○

COLOR ○○○○○

GUSTO ○○○○○

FERTILIZANTES
Y EQUIPOS

REQUISITOS
DEL AGUA

0%
MENOS

INSTRUCCIONES
PARA EL CUIDADO

INSTRUCCIONES
PARA LA SIEMBRA

NOTAS
ADICIONALES

# LIBRO DE JARDINERÍA

| NOMBRE | POSICIÓN |
|---|---|

| PROVEEDOR | PRECIO |
|---|---|

## CLASE DE CIENCIAS

| VEGETACIÓN | ○ | FRUTA |
|---|---|---|
| HIERBA | ○ | FLOR |
| ARBUSTO | ○ | ÁRBOL |
| ANUAL | ○ | BIENAL |
| PERMANENTE | ○ | SEMILLA |

## FECHAS

GERMINATO

PLANTA

COLECCIÓN

## NIVEL DE LUZ

SOL

SOL PARCIAL

OMBRA

OTROS

## EMPEZADO POR

SEMILLA

PLANTA

## EVALUACIÓN

| DIMENSIÓN | ○ ○ ○ ○ ○ |
|---|---|
| COLOR | ○ ○ ○ ○ ○ |
| GUSTO | ○ ○ ○ ○ ○ |

FERTILIZANTES
Y EQUIPOS

REQUISITOS
DEL AGUA

0%
MENOS

INSTRUCCIONES
PARA EL CUIDADO

INSTRUCCIONES
PARA LA SIEMBRA

NOTAS
ADICIONALES

# LIBRO DE JARDINERÍA

| NOMBRE | POSICIÓN |
|---|---|

| PROVEEDOR | PRECIO |
|---|---|

## CLASE DE CIENCIAS

| VEGETACIÓN | ○ | FRUTA |
|---|---|---|
| HIERBA | ○ | FLOR |
| ARBUSTO | ○ | ÁRBOL |
| ANUAL | ○ | BIENAL |
| PERMANENTE | ○ | SEMILLA |

## FECHAS

GERMINATO

PLANTA

COLECCIÓN

## NIVEL DE LUZ

SOL

SOL PARCIAL

OMBRA

OTROS

## EMPEZADO POR

SEMILLA

PLANTA

## EVALUACIÓN

| DIMENSIÓN | ○○○○○ |
|---|---|
| COLOR | ○○○○○ |
| GUSTO | ○○○○○ |

FERTILIZANTES
Y EQUIPOS

REQUISITOS
DEL AGUA

0%
MENOS

INSTRUCCIONES
PARA EL CUIDADO

INSTRUCCIONES
PARA LA SIEMBRA

NOTAS
ADICIONALES

# LIBRO DE JARDINERÍA

NOMBRE

POSICIÓN

PROVEEDOR

PRECIO

## CLASE DE CIENCIAS

| | | |
|---|---|---|
| VEGETACIÓN | ○ | FRUTA |
| HIERBA | ○ | FLOR |
| ARBUSTO | ○ | ÁRBOL |
| ANUAL | ○ | BIENAL |
| PERMANENTE | ○ | SEMILLA |

## FECHAS

GERMINATO

PLANTA

COLECCIÓN

## NIVEL DE LUZ

SOL

SOL PARCIAL

OMBRA

OTROS

## EMPEZADO POR

SEMILLA

PLANTA

## EVALUACIÓN

DIMENSIÓN ○○○○○

COLOR ○○○○○

GUSTO ○○○○○

FERTILIZANTES
Y EQUIPOS

REQUISITOS
DEL AGUA

0%
MENOS

INSTRUCCIONES
PARA EL CUIDADO

INSTRUCCIONES
PARA LA SIEMBRA

NOTAS
ADICIONALES

# LIBRO DE JARDINERÍA

| NOMBRE | POSICIÓN |
|---|---|
| PROVEEDOR | PRECIO |

## CLASE DE CIENCIAS

| VEGETACIÓN | ○ | FRUTA |
|---|---|---|
| HIERBA | ○ | FLOR |
| ARBUSTO | ○ | ÁRBOL |
| ANUAL | ○ | BIENAL |
| PERMANENTE | ○ | SEMILLA |

## FECHAS

GERMINATO

PLANTA

COLECCIÓN

## NIVEL DE LUZ

SOL

SOL PARCIAL

OMBRA

OTROS

## EMPEZADO POR

SEMILLA

PLANTA

## EVALUACIÓN

DIMENSIÓN ○○○○○

COLOR ○○○○○

GUSTO ○○○○○

FERTILIZANTES
Y EQUIPOS

REQUISITOS
DEL AGUA

0%
MENOS

INSTRUCCIONES
PARA EL CUIDADO

INSTRUCCIONES
PARA LA SIEMBRA

NOTAS
ADICIONALES

# LIBRO DE JARDINERÍA

NOMBRE

POSICIÓN

PROVEEDOR

PRECIO

## CLASE DE CIENCIAS

| VEGETACIÓN | ○ | FRUTA |
| HIERBA | ○ | FLOR |
| ARBUSTO | ○ | ÁRBOL |
| ANUAL | ○ | BIENAL |
| PERMANENTE | ○ | SEMILLA |

## FECHAS

GERMINATO

PLANTA

COLECCIÓN

## NIVEL DE LUZ

SOL

SOL PARCIAL

OMBRA

OTROS

## EMPEZADO POR

SEMILLA

PLANTA

## EVALUACIÓN

DIMENSIÓN ○○○○○

COLOR ○○○○○

GUSTO ○○○○○

FERTILIZANTES
Y EQUIPOS

REQUISITOS
DEL AGUA

0%
MENOS

INSTRUCCIONES
PARA EL CUIDADO

INSTRUCCIONES
PARA LA SIEMBRA

NOTAS
ADICIONALES

# LIBRO DE JARDINERÍA

<table>
<tr><td>NOMBRE</td><td>POSICIÓN</td></tr>
<tr><td>PROVEEDOR</td><td>PRECIO</td></tr>
</table>

## CLASE DE CIENCIAS

| | | |
|---|---|---|
| VEGETACIÓN | ○ | FRUTA |
| HIERBA | ○ | FLOR |
| ARBUSTO | ○ | ÁRBOL |
| ANUAL | ○ | BIENAL |
| PERMANENTE | ○ | SEMILLA |

## FECHAS

GERMINATO

PLANTA

COLECCIÓN

## NIVEL DE LUZ

SOL

SOL PARCIAL

OMBRA

OTROS

## EMPEZADO POR

SEMILLA

PLANTA

## EVALUACIÓN

| | |
|---|---|
| DIMENSIÓN | ○○○○○ |
| COLOR | ○○○○○ |
| GUSTO | ○○○○○ |

FERTILIZANTES
Y EQUIPOS

REQUISITOS
DEL AGUA

0%
MENOS

INSTRUCCIONES
PARA EL CUIDADO

INSTRUCCIONES
PARA LA SIEMBRA

NOTAS
ADICIONALES

# LIBRO DE JARDINERÍA

| NOMBRE | POSICIÓN |
| --- | --- |
| PROVEEDOR | PRECIO |

## CLASE DE CIENCIAS

| | | | |
| --- | --- | --- | --- |
| VEGETACIÓN | ○ | FRUTA | |
| HIERBA | ○ | FLOR | |
| ARBUSTO | ○ | ÁRBOL | |
| ANUAL | ○ | BIENAL | |
| PERMANENTE | ○ | SEMILLA | |

## FECHAS

GERMINATO

PLANTA

COLECCIÓN

## NIVEL DE LUZ

SOL

SOL PARCIAL

OMBRA

OTROS

## EMPEZADO POR

SEMILLA

PLANTA

## EVALUACIÓN

DIMENSIÓN ○○○○○

COLOR ○○○○○

GUSTO ○○○○○

FERTILIZANTES
Y EQUIPOS

REQUISITOS
DEL AGUA

0%
MENOS

INSTRUCCIONES
PARA EL CUIDADO

INSTRUCCIONES
PARA LA SIEMBRA

NOTAS
ADICIONALES

# LIBRO DE JARDINERÍA

NOMBRE

POSICIÓN

PROVEEDOR

PRECIO

## CLASE DE CIENCIAS

| | | |
|---|---|---|
| VEGETACIÓN | ○ | FRUTA |
| HIERBA | ○ | FLOR |
| ARBUSTO | ○ | ÁRBOL |
| ANUAL | ○ | BIENAL |
| PERMANENTE | ○ | SEMILLA |

## FECHAS

GERMINATO

PLANTA

COLECCIÓN

## NIVEL DE LUZ

SOL

SOL PARCIAL

OMBRA

OTROS

## EMPEZADO POR

SEMILLA

PLANTA

## EVALUACIÓN

DIMENSIÓN ○○○○○

COLOR ○○○○○

GUSTO ○○○○○

FERTILIZANTES
Y EQUIPOS

REQUISITOS
DEL AGUA

0%
MENOS

INSTRUCCIONES
PARA EL CUIDADO

INSTRUCCIONES
PARA LA SIEMBRA

NOTAS
ADICIONALES

# LIBRO DE JARDINERÍA

NOMBRE

POSICIÓN

PROVEEDOR

PRECIO

## CLASE DE CIENCIAS

| | | |
|---|---|---|
| VEGETACIÓN | ○ | FRUTA |
| HIERBA | ○ | FLOR |
| ARBUSTO | ○ | ÁRBOL |
| ANUAL | ○ | BIENAL |
| PERMANENTE | ○ | SEMILLA |

## FECHAS

GERMINATO

PLANTA

COLECCIÓN

## NIVEL DE LUZ

SOL

SOL PARCIAL

OMBRA

OTROS

## EMPEZADO POR

SEMILLA

PLANTA

## EVALUACIÓN

DIMENSIÓN ○○○○○

COLOR ○○○○○

GUSTO ○○○○○

## FERTILIZANTES Y EQUIPOS

## REQUISITOS DEL AGUA

0%
MENOS

## INSTRUCCIONES PARA EL CUIDADO

## INSTRUCCIONES PARA LA SIEMBRA

## NOTAS ADICIONALES

# LIBRO DE JARDINERÍA

NOMBRE

POSICIÓN

PROVEEDOR

PRECIO

## CLASE DE CIENCIAS

| | | |
|---|---|---|
| VEGETACIÓN | ○ | FRUTA |
| HIERBA | ○ | FLOR |
| ARBUSTO | ○ | ÁRBOL |
| ANUAL | ○ | BIENAL |
| PERMANENTE | ○ | SEMILLA |

## FECHAS

GERMINATO

PLANTA

COLECCIÓN

## NIVEL DE LUZ

SOL

SOL PARCIAL

OMBRA

OTROS

## EMPEZADO POR

SEMILLA

PLANTA

## EVALUACIÓN

DIMENSIÓN ○○○○○

COLOR ○○○○○

GUSTO ○○○○○

FERTILIZANTES
Y EQUIPOS

REQUISITOS
DEL AGUA

0%
MENOS

INSTRUCCIONES
PARA EL CUIDADO

INSTRUCCIONES
PARA LA SIEMBRA

NOTAS
ADICIONALES

# LIBRO DE JARDINERÍA

NOMBRE

POSICIÓN

PROVEEDOR

PRECIO

## CLASE DE CIENCIAS

| | | |
|---|---|---|
| VEGETACIÓN ○ | | FRUTA |
| HIERBA ○ | | FLOR |
| ARBUSTO ○ | | ÁRBOL |
| ANUAL ○ | | BIENAL |
| PERMANENTE ○ | | SEMILLA |

## FECHAS

GERMINATO

PLANTA

COLECCIÓN

## NIVEL DE LUZ

SOL

SOL PARCIAL

OMBRA

OTROS

## EMPEZADO POR

SEMILLA

PLANTA

## EVALUACIÓN

DIMENSIÓN ○○○○○

COLOR ○○○○○

GUSTO ○○○○○

FERTILIZANTES
Y EQUIPOS

REQUISITOS
DEL AGUA

0%
MENOS

INSTRUCCIONES
PARA EL CUIDADO

INSTRUCCIONES
PARA LA SIEMBRA

NOTAS
ADICIONALES

# LIBRO DE JARDINERÍA

| NOMBRE | POSICIÓN |
| --- | --- |
| PROVEEDOR | PRECIO |

## CLASE DE CIENCIAS

| VEGETACIÓN | ○ | FRUTA |
| --- | --- | --- |
| HIERBA | ○ | FLOR |
| ARBUSTO | ○ | ÁRBOL |
| ANUAL | ○ | BIENAL |
| PERMANENTE | ○ | SEMILLA |

## FECHAS

GERMINATO

PLANTA

COLECCIÓN

## NIVEL DE LUZ

SOL

SOL PARCIAL

OMBRA

OTROS

## EMPEZADO POR

SEMILLA

PLANTA

## EVALUACIÓN

DIMENSIÓN ○○○○○

COLOR ○○○○○

GUSTO ○○○○○

FERTILIZANTES
Y EQUIPOS

REQUISITOS
DEL AGUA

0%
MENOS

INSTRUCCIONES
PARA EL CUIDADO

INSTRUCCIONES
PARA LA SIEMBRA

NOTAS
ADICIONALES

# LIBRO DE JARDINERÍA



## CLASE DE CIENCIAS

| | | |
|---|---|---|
| VEGETACIÓN | ◯ | FRUTA |
| HIERBA | ◯ | FLOR |
| ARBUSTO | ◯ | ÁRBOL |
| ANUAL | ◯ | BIENAL |
| PERMANENTE | ◯ | SEMILLA |

## FECHAS

GERMINATO

PLANTA

COLECCIÓN

## NIVEL DE LUZ

SOL

SOL PARCIAL

OMBRA

OTROS

## EMPEZADO POR

SEMILLA

PLANTA

## EVALUACIÓN

DIMENSIÓN ◯◯◯◯◯

COLOR ◯◯◯◯◯

GUSTO ◯◯◯◯◯

FERTILIZANTES
Y EQUIPOS

REQUISITOS
DEL AGUA

0%
MENOS

INSTRUCCIONES
PARA EL CUIDADO

INSTRUCCIONES
PARA LA SIEMBRA

NOTAS
ADICIONALES

# LIBRO DE JARDINERÍA

NOMBRE

POSICIÓN

PROVEEDOR

PRECIO

## CLASE DE CIENCIAS

| | | |
|---|---|---|
| VEGETACIÓN | ◯ | FRUTA |
| HIERBA | ◯ | FLOR |
| ARBUSTO | ◯ | ÁRBOL |
| ANUAL | ◯ | BIENAL |
| PERMANENTE | ◯ | SEMILLA |

## FECHAS

GERMINATO

PLANTA

COLECCIÓN

## NIVEL DE LUZ

SOL

SOL PARCIAL

OMBRA

OTROS

## EMPEZADO POR

SEMILLA

PLANTA

## EVALUACIÓN

DIMENSIÓN ◯◯◯◯◯

COLOR ◯◯◯◯◯

GUSTO ◯◯◯◯◯

## FERTILIZANTES Y EQUIPOS

## REQUISITOS DEL AGUA

0%
MENOS

## INSTRUCCIONES PARA EL CUIDADO

## INSTRUCCIONES PARA LA SIEMBRA

## NOTAS ADICIONALES

# LIBRO DE JARDINERÍA

| NOMBRE | POSICIÓN |
|---|---|

| PROVEEDOR | PRECIO |
|---|---|

## CLASE DE CIENCIAS

| VEGETACIÓN | ○ | FRUTA |
|---|---|---|
| HIERBA | ○ | FLOR |
| ARBUSTO | ○ | ÁRBOL |
| ANUAL | ○ | BIENAL |
| PERMANENTE | ○ | SEMILLA |

## FECHAS

GERMINATO

PLANTA

COLECCIÓN

## NIVEL DE LUZ

SOL

SOL PARCIAL

OMBRA

OTROS

## EMPEZADO POR

SEMILLA

PLANTA

## EVALUACIÓN

| DIMENSIÓN | ○○○○○ |
|---|---|
| COLOR | ○○○○○ |
| GUSTO | ○○○○○ |

FERTILIZANTES
Y EQUIPOS

REQUISITOS
DEL AGUA

0%
MENOS

INSTRUCCIONES
PARA EL CUIDADO

INSTRUCCIONES
PARA LA SIEMBRA

NOTAS
ADICIONALES

# LIBRO DE JARDINERÍA

<table>
<tr><td>NOMBRE</td><td>POSICIÓN</td></tr>
<tr><td>PROVEEDOR</td><td>PRECIO</td></tr>
</table>

## CLASE DE CIENCIAS

| VEGETACIÓN | ○ | FRUTA |
| HIERBA | ○ | FLOR |
| ARBUSTO | ○ | ÁRBOL |
| ANUAL | ○ | BIENAL |
| PERMANENTE | ○ | SEMILLA |

## FECHAS

GERMINATO

PLANTA

COLECCIÓN

## NIVEL DE LUZ

SOL

SOL PARCIAL

OMBRA

OTROS

## EMPEZADO POR

SEMILLA

PLANTA

## EVALUACIÓN

DIMENSIÓN ○○○○○

COLOR ○○○○○

GUSTO ○○○○○

FERTILIZANTES
Y EQUIPOS

REQUISITOS
DEL AGUA

0%
MENOS

INSTRUCCIONES
PARA EL CUIDADO

INSTRUCCIONES
PARA LA SIEMBRA

NOTAS
ADICIONALES